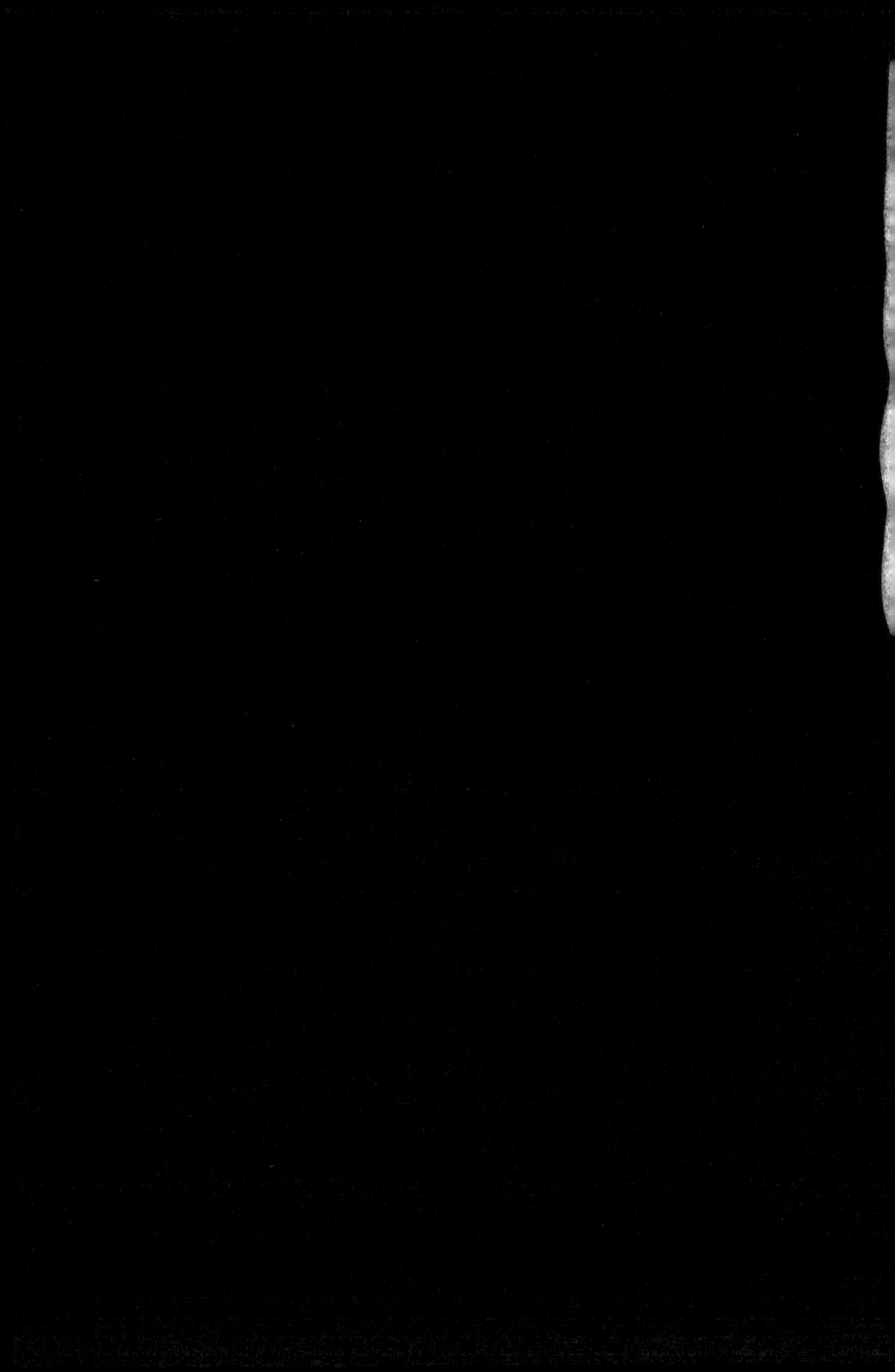

Blanco roto

La Tortuga Búlgara

Blanco roto

Blanco roto

colección: *horizontes: poesía, nº 2*

dirige la colección: Marco Vidal González
© diseño de la colección: María Vera Avellaneda

© diseño de portada: María Vera Avellaneda
maquetación y corrección: María Vera Avellaneda

© Amelia Serraller Calvo, de los textos
© Luis Viviant Arias, de las imágenes
© Isabel Montero Garrido, de la imagen de *Miramar*
© Javier Díaz Gil, del prólogo

© La Tortuga Búlgara, de esta edición

La Tortuga Búlgara
Islas Baleares - Madrid (España)
latortugabulgaraediciones@gmail.com
www.latortugabulgara.com

primera edición: marzo, 2024

ISBN-13: 978-84-127697-2-2
depósito legal: M-4768-2024

tipografías empleadas: Lora y Nunito

impreso en España
printed in Spain

www.latortugabulgara.com

LA SUTIL INUTILIDAD

Blanco roto es el primer poemario publicado por Amelia Serraller Calvo. El juego del símbolo y la polisemia están marcando su primer libro. Blanco roto nos alude a la idea de ruptura y al blanco como pureza. Hay una pérdida de la inocencia en estos poemas. Hay cierto tono elegíaco, una pérdida latente que utiliza el lenguaje poético para explicar el mundo. Pero blanco roto tiene también la acepción del color. En algún sitio lo veo definido como un blanco puro que contiene tonalidades grises y beige. Eso es quizá también la vida. Y en esos tonos es donde pone su mirada la poesía. La vida no es blanco o negro, la vida son esas tonalidades de grises que esconde. Y leo que el blanco roto es color que transmite serenidad y elegancia y que simboliza también la celebración. Es, entre otras cosas, el color de los trajes de novia... Por eso, Amelia, en el poema que da título al libro nos anuncia:

> *Es la euforia de un día*
>
> *en blanco roto.*
>
> *Un, dos, tres ¡fuego!*

Aquí está la celebración, el entusiasmo, la alegría como un disparo. Un disparo que nos lanza Amelia Serraller, el disparo de una voz que se reconoce poeta y que se alza en el primer poema del libro lanzando una pregunta en nombre de los poetas:

¿Y si solo servimos

para soñar

en este agotador

baile en la nada?

Cuando el poema que abre el libro se titula *Sutil inutilidad* se está reivindicando la necesidad de la poesía frente a un mundo colonizado por el mercado y la explotación, la precariedad y los adictos a la técnica... Ese alzar la voz afirmando

Confieso que estoy viva,

no sirvo para vuestra nada

es tomar postura en el mundo. Tomar postura junto a los que sufren la injusticia, como en *Canción del migrante* o en *Balada ucraniana*. Ese grito poético de Amelia Serraller es *voz que clama en el desierto*. Voz necesaria.

Ese grito se alza y está presente en el poema *Gritos que eran susurros*, dedicado a las víctimas de la violencia de género. Ese grito que es denuncia de la invisibilidad de las mujeres maltratadas:

nadie entiende,

qué se esconde

bajo el velo de sus lágrimas

Hay, como apuntaba al principio, dos líneas básicas en el libro. La de la pérdida, son los poemas dedicados a la memoria y al recuerdo, donde aparecen versos como: *Música callada del recuerdo* (donde habla de la pandemia), *Recuerdo bien aquel verano; De los recuerdos, ojeras; ¿Adónde te marchaste / infancia, en silencio y sin aviso?; Siempre que mires atrás...*

Y la línea de celebración, con homenajes a amigos: a Paco en *Martina de Chagall*, a los poetas de la Piscifactoría, a la familia en *Identidades*, a su hermana en *A merced...* Y también hay celebración cuando identifica y glosa los lugares de la felicidad: los aires argentinos de *Milongas del presente* y *Romanza porteña*: Granada, Donostia, Ávila, Ucrania...

Blanco roto son veinticinco poemas, podrían parecer pocos poemas para un primer libro donde seguro se han quedado fuera muchos otros. Pero estos veinticinco poemas que aquí encontramos son una buena muestra, una selección de una poeta que apuesta por la brevedad en el tamaño del poema, —a decir mucho con poco debe aspirar la poesía— y que apuesta por la forma y el ritmo. Es poeta de oficio, Amelia Serraller Calvo. Apreciará el lector el uso de la silva libre impar, los endecasílabos y el empleo de las cuartetas, villancicos, redondillas (en la *Milonga del presente*), estrofas a modo de seguidillas en *Miniatura*, la lira en *Cántico reflejo*, el *limerick*, el haiku... Sin olvidar las referencias y recreaciones en algunos poemas a autores clásicos: Santa Teresa, San Juan, Lorca... a los que la poeta considera maestros.

Antes de terminar, apuntaré dos ideas más: preste el lector atención a los poemas que son autorretratos de la autora, con el empleo de dos técnicas distintas, alguno desde la negación (lo que no se es), y otros, afirmativos (lo que se es). Junto a estos, su retrato se complementa con los poemas de identidad que yo llamaría de *estar*. El ser y el estar la definen.

Y la segunda idea, destacar el poema final. Un haiku, *Templo de Debod*. Si blanco roto es el blanco puro, es también, volvemos a lo simbólico, la luz. Este haiku final, tres versos tan solo bastan, es la conjunción del ser y estar de Amelia Serraller. Estar en Madrid y ser luz.

Al terminar de leer este libro entenderemos la sutil inutilidad de la poesía. La voz de Amelia Serraller, poema a poema, nos demuestra lo necesaria que es la poesía, la poesía viva.

Al finalizar la lectura, estaremos de acuerdo con ella cuando dice:

¿Por qué será

que donde hubo

algún conflicto

la poesía estalla?

La poesía que estalla como un disparo y es fuego.

Un blanco roto, en este juego de polisemia, somos también nosotros, los lectores de este libro. Somos la diana, el blanco, sobre el que dispara sus versos Amelia Serraller.

Javier Díaz Gil
16 de enero de 2024

Blanco roto

Sutil inutilidad

¿Y si solo servimos

para soñar

en este agotador

baile de la nada?

¡Abajo los mercados,

las cuotas y los lobbies!

No quiero esta vida de prisas,

de identidad hipotecada

en las redes sociales;

Quedaos con la explotación

de recursos y seres.

Con esta carrera de ratas

precarias que se matan

por ascender.

Confieso que estoy viva,

no os sirvo para nada.

Dime, filósofo,

¿qué es esta era

de autismo y oenegés?

La eterna juventud

de los adictos a la técnica.

Confieso que estoy viva,

no sirvo para vuestra nada.

Entre tantos frustrados,

te atreviste, poeta,

a imaginar otro universo

sin contaminación,

ni vallas electrificadas.

Retumba a lo lejos la guerra.

En vez de retirar los ojos,

tú, que habitas el territorio

de sueños imposibles,

gritas en un mundo gregario.

Blanco roto

Con los ojos cerrados,

vestida de café,

respiro mar y cielo.

Como una planta

carnosa, busco

sol en tu sombra.

Es la euforia de un día

en blanco roto.

Un, dos, tres ¡fuego!

Al misterio

Música callada del recuerdo,

sol que calienta en invierno;

el deseo hecho palabra.

Lluvia en el desierto

de la melancolía.

Un puñetazo

en medio de la rutina;

salir al balcón de noche,

el aullido de la luna;

correr por un gran parque

casi sin contaminación.

Son tus sueños y temores

que otro ya narró...

Lágrimas furtivas,

aire sin mascarilla,

reírse con los amigos,

una canción prohibida..

O cuando la Belleza

te invade, en la ciudad

de la prisa y el ruido,

donde compartes tu Soledad.

Pendientes

Recuerdo bien aquel verano

juntos, entre rocas y mar,

marea secreta de sueños.

Y de repente, el regalo

que todo lo quiebra:

unos pendientes turquesa.

Intuí la galerna, ¿me los quito?

Pendientes bajo el temporal,

¿éramos dos o ninguno?

Marina de Chagall

A Paco

Veo tu gabardina y el sombrero.

Camuflado entre libros y retratos,

saluda Paco. ¿Qué decir, vaquero?

Mejor nos beberemos tus relatos.

Como en un óleo vivo de Chagall,

navegaste a los cielos con Marina.

Blancas tus noches de tinta y silencio,

presentes ellos, recuerdo y morfina.

Adviento

De puntillas llegan ya los pastores,

con su sudor frío estrenan el alba,

y aunque llevan regalos y tambores,

no tienen con qué cubrirse la calva.

¿Cómo saben cuándo, dónde y por qué,

si vienen, si marchan o perseveran?

No son hiedra anclada en el ayer,

pues el milagro de vivir veneran.

Milonga del presente

Alegre e incomprendido,

cantando viniste, amor,

susurro ensordecedor,

entre murmullo y rugido.

En medio de la rutina,

dadme libros y cantares,

impacientes despertares,

y secretos de cocina.

Gra-nada

Rojos bocados

de tierra.

Pepita a pepita,

estallan

dulces recuerdos.

Miniatura

A *la poeta* Natalia *de* Juanes

Tan solo un verso,

un verso blanco,

un verso libre,

copla y quebranto.

Un solo aliento,

ese es mi canto;

poema tigre,

cielo y amianto.

Miramar

(Donostia/San Sebastián, abril de 2023)

¿Por qué será

que donde hubo

algún conflicto

la poesía estalla?

Rugen las olas,

las rocas quietas

al sol esperan;

un nadador

desafía a la noche,

abuelo y nieto pescan

a solas, la marea

de secretos y conchas

remonta al alba.

Felices son los muertos:

graznan gaviotas

contra la espuma

sedosa del silencio.

Monotonía

En el espejo de los días

poco a poco, me diluyo.

De los recuerdos, ojeras.

De los sueños, un bostezo.

Métrico desvivir

Vivo sin vivir en ti,

y tan bajo el ego siento,

que declino los pasados.

Este febril purgatorio

del silencio en que escribo,

me vacía de presencias.

Vivo sin mí, tú ni él;

a ratos como y hablo,

pero muero de desiertos.

Un presente ArtIficial

A mis fieros poetas de La Piscifactoría

Eres

un robot increíblemente humano,

existes

sin tiempo, en el espacio virtual;

lloras

solo entre los limbos del metaverso,

produces

          en cualquier red social,

creas

          perfiles y avatares

          que devoran tu sangre;

suspiras

          en este valle de los ecos,

          lágrimas huecas

          de orfandad animal.

Canción del migrante

(Homenaje al maestro)

A todos los refugiados de este cruel mundo

Ávila.

Nevada y sola.

Vacía el llano la luna

llena con su sombra pálida.

Aunque sepa mi destino,

yo nunca llegaré a Ávila.

Por la nieve, por las piedras,

senda roja, noche ávida,

la muerte me está llamando

desde las almenas de Ávila.

¡Ay qué silencio tan grande!

¡Ay, yerma meseta mágica!

¡Ay que la muerte me aguarda

entre las almenas de Ávila!

Ávila

Nevada y sola.

Cántico reflejo

(Amémesis)

¿Adónde te marchaste,

infancia, en silencio y sin aviso?

Cual ladrón, me burlaste

corriendo por el piso;

ronco Eco de los sueños de Narciso.

Buscando mis pasiones,

surcaré océanos, montes y eras;

ni regalaré dones,

ni evitaré a las fieras,

y someteré al miedo y las fronteras.

Del ~~rosa~~ al rouge (*limerick*)

Anuncia la tele San Valentín,

así que saludo con mi bombín,

perfumada con otra piel.

¡Adiós a las lunas de hiel!

Mejor que bombones es el carmín.

Balada ucraniana

La tierra fértil en llamas,

hombres y civiles mueren

de pie, al tiempo que hieren

al cruel invasor de Ucrania.

Lejos, niños y mujeres;

cerca, sus ancianos padres

en medio de tanta sangre,

sin agua, luz ni enseres.

Es un futuro el que añoran;

pasó su vida y no vuelve,

es la muerte su presente,

la codicia les devora.

Rusia supo de invasores,

pero se tornó agresora;

mientras, Europa deshoja

margaritas de dolores.

Un pueblo es ya un universo,

¿cómo podrá refugiarse?

Una cultura sin arte,

voz que clama en el desierto.

Negativo

No soy agente en bolsa,

ni esa niña callada

de esquinas quietas.

No soy falsa, ni sensata.

Tampoco soy tu muñeca;

confieso con honra, confusa:

«ya no soy donde era».

IdentidadES

Nací en Madrid,

de madre donostiarra

y familia paterna sefardí.

Mi infancia es el Retiro,

pero también la Rambla Vella

Scipionum opus.

Cada vez que os enfilo,

escarpados

           callejones

                del Serrallo

revivo entre los gitanos

sones de la charanga.

Y recuerdo a la Santitat,

al Antoni y la Florentina.

La Tabacalera y a sus *dones*,

a Serrat, Bonnin y el *Testament d Amelia*...

El día en que descubrí,

cortesía inquisitorial,

a los primeros Serraller

en Catalunya, siglo XIII.

Cambia raudo mi acento,

el humor se torna burlón

y para no hacer una fácil

concesión a la nostalgia,

oigo cómo el Xavi

y la Rosa gritan:

«ya llegó la de Madrid».

Y sonrío: he vuelto a casa.

Gritos que eran susurros

A las víctimas de la violencia de género

Pasos   apresurados

por el portal

           interrumpidos

por un roto   suspiro   ronco

Salen a la calle,

y calla el viento

pero nadie se detiene

a admirar a la dama,

porque nadie sabe,

nadie entiende,

qué se esconde

bajo el velo de sus lágrimas.

A merced

(A *mi hermana*)

Quiero sentir yo tu desgarro,

pequeño animal herido,

que haga de mi cuerpo barro,

víctima del amor vampiro.

Romanza porteña

Ciudad de música y furia,

con tu río verde plata;

de sombra y eterno azul,

con el cielo negro en llamas.

Nunca duermes, Buenos Aires,

la intensa luz de tus calles

silba a los libertadores

los secretos del presente.

Cien mil hileras de árboles

y ochocientas diez fuentes

alimentan al gentío

por tus infinitas calles.

Un enigma el porvenir;

cada sombra, mar de olores.

Café, tango y sensaciones

en constante devenir.

Renacer

Siempre que mires atrás,

con humor y sin nostalgia;

país de nunca jamás,

poesía que no plagia.

Has llegado...

Has llegado,

a ese punto de la noche

donde no se espera el día.

Has llegado,

con la frente alta

y la esperanza aún no marchita.

Viajes, antepasados,

amigos que ya son familia.

Niños, mascotas,

familia que se volvió amiga.

Hoy y siempre,

en la música de la memoria,

te susurran a gritos:

«¡has llegado, Amelia, disfruta!».

Templo de Debod (haiku)

Amanecer

o morir con la luz

de un nuevo día.

Amelia Serraller Calvo es escritora, docente y traductora de polaco, inglés y ruso. Profesora de la Universidad Francisco de Vitoria, en 2015 defendió en la UCM su tesis doctoral en Filología Eslava *¿Literatura o periodismo? La recepción de la obra de Ryszard Kapuściński.*

Entre 2007 y 2009 trabajó como profesora asociada de Filología Hispánica en la Universidad de Breslavia (Polonia), y más tarde fue investigadora en formación en el Área de Filología Eslava en la Universidad Complutense.

Además, Serraller es autora del ensayo *Cenizas y fuego: crónicas de Ryszard Kapuściński* (Ediciones Amargord), del libro de relatos *Réquiem y marmitako: historias del confinamiento* (Eds. Facta) y de las ediciones críticas de *Fugaces* (Ed. Torremozas) y *De guerra, Revolución y otros artículos* (coeditado por La Umbría y La Solana y los Libros de FronteraD), ambos de Sofía Casanova. Medalla Gloria Artis 2018 por su labor como difusora de la literatura polaca, entre sus autores traducidos figuran los rusos Isaak Bábel, Aleksandr Pushkin y Nikolái Chernyshevski, así como los polacos Anna Augustyniak, Józef Wittlin y Jan Polkowski.

Ha participado en las antologías poéticas *Celebración* (Incahorsa, 2023), *Voces poéticas Nuevo Siglo* (Tarqus Edit., 2023) y *Tendemos puentes* (Voces del Extremo Bilbo, Malaletra eds., 2023).

Existe la tortuga búlgara.

Su nombre científico es *testudo hermanni boettgeri*, especie
repartida entre diversos territorios de Europa del Este, tales
como Macedonia, Rumanía y principalmente Bulgaria. Esta
hermosa tortuga terrestre acostumbra a poblar su territorio
a pesar de las amenazas que sufre, bien sea por los malos
efectos del *progreso*, bien por la visión materialista que
las convierte en ornamento, alimento o medicina.
En definitiva: es una especie en peligro
en unos tiempos que avanzan atropellados.

Pero esta tortuga no está sola: *boettgeri* está hermanada
con otra especie perteneciente a su misma familia,
y que también corre grave peligro: *testudo hermanni hermanni*,
oriunda del Mediterráneo, territorio desde el que esta editorial
obra hacia todos los hispanohablantes.

De esta hermandad zoológica es de donde nace la imagen de
La Tortuga Búlgara, que representa la unión entre lenguas
a través de unas tortugas que, pese a la dificultad, sobreviven
y hacen eso que fortalece las culturas: compartir.

La Tortuga Búlgara nace ante la necesidad de dar voz en español a literaturas y lenguas de escasa difusión. Aunque tenemos especial apego a la literatura búlgara contemporánea, damos también cabida a otras lenguas eslavas y del este de Europa, así como a autores hispanohablantes. Nuestras ediciones de poesía son bilingües para ser fieles al autor y a su timbre original, así como para enriquecer la lectura del lector bilingüe.

La Tortuga Búlgara